mathew 21:21-22 Page 71
The promise of God
encomienda
Read 127

DE: ______________________________

Sin fe es imposible agradar a Dios.

Hebreos 11:6

PARA: ______________________________

Palabras de fe
Miami, Florida 33166-4665

Publicado en inglés con el título: *Words of Faith*

por Zondervan Publishing House © 1998 por New Life Clinics

Director artístico: *Patti Matthews*

Edición: *Nancy Pineda*

Adaptación del diseño y compaginación: *Jannio Monge*

ISBN 0-8297-2999-2
Categoría: *Inspiración*
Impreso en Hong Kong

00 01 02 03 04 05 06 t 07 06 05 04 03 02 01

PALABRAS DE FE

PARA LA MUJER DE FE

Palabras de fe

¿Qué es la fe?
Por qué la fe es importante
Lo que puede hacer la fe
Incluso si nuestra fe es pequeña
Cómo edificamos la fe
Fe en los tiempos difíciles de la vida
Caminemos en la fe
Oremos con fe

What is faith
why is faith important
What can faith do
including if our faith
is small

Algunos que oraron con fe y vieron la respuesta de Dios
Nuestra fe tendrá recompensa

How faith edifies us
Faith in different times of life
We walk in faith
We pray in faith
some who pray in faith see the answer of God
our faith has rewards

¿QUÉ ES LA FE?

A la verdad, no me avergüenzo del evangelio, pues es poder de Dios para la salvación de todos los que creen: de los judíos primeramente, pero también de los gentiles. De hecho, en el evangelio se revela la justicia que proviene de Dios, la cual es por fe de principio a fin, tal como está escrito: «El justo vivirá por la fe.»

Romanos 1:16–17

Los que confían en el SEÑOR son como el monte Sión, que jamás será conmovido, que permanecerá para siempre.

Salmo 125:1

Confía en el SEÑOR de todo corazón,
y no en tu propia inteligencia. Reconócelo en todo
tus caminos, y él allanará tus sendas.

Proverbios 3:5-6

Si ustedes creen, recibirán todo
lo que pidan en oración.

Mateo 21:22

Sino que se complace en los que le temen,
en los que confían en su gran amor.

Salmo 147:11

Busqué al SEÑOR, y él me respondió; me libró
de todos mis temores. Radiantes están los que a él acuden;
jamás su rostro se cubre de vergüenza … El ángel del SEÑOR
acampa en torno a los que le temen; a su lado está para librarlos.
Prueben y vean que el SEÑOR es bueno.

Salmo 34:4-5,7-8

A los ricos de este mundo, mándales que no sean
arrogantes ni pongan su esperanza en las riquezas,
que son tan inseguras, sino en Dios.

1 Timoteo 6:17

Entonces Jesús le dijo: «Yo soy la resurrección y la vida. El que cree en mí vivirá, aunque muera; y todo el que vive y cree en mí no morirá jamás.»

Juan 11:25-26

Esmérate en seguir la justicia, la piedad, la fe, el amor, la constancia y la humildad. Pelea la buena batalla de la fe; haz tuya la vida eterna, a la que fuiste llamados.

1 Timoteo 6:11-12

Todo el que ha nacido de Dios vence al mundo.
Ésta es la victoria que vence al mundo: nuestra fe.

1 Juan 5:4

Por gracia ustedes han sido salvados mediante la fe; esto no procede de ustedes, sino que es el regalo de Dios.

Efesios 2:8

Ya que hemos sido justificados mediante la fe, tenemos paz con Dios por medio de nuestro Señor Jesucristo.

Romanos 5:1

Así que no nos fijamos en lo visible sino en lo invisible, ya que lo que se ve es pasajero, mientras que lo que no se ve es eterno.

2 Corintios 4:18

Éstas se han escrito para que ustedes crean que Jesús es el Cristo, el Hijo de Dios, y para que al creer en su nombre tengan vida.

Juan 20:31

El justo vivirá por su fe.

Habacuc 2:4

Esto es para ustedes motivo de gran alegría, a pesar de que hasta ahora han tenido que sufrir diversas pruebas por un tiempo. El oro, aunque perecedero, se acrisola al fuego. Así también la fe de ustedes, que vale mucho más que el oro, al ser acrisolada por las pruebas demostrará que es digna de aprobación, gloria y honor cuando Jesucristo se revele. Ustedes lo aman a pesar de no haberlo visto; y aunque no lo ven ahora, creen en él y se alegran con un gozo indescriptible y glorioso, pues están obteniendo la meta de su fe, que es la salvación.

1 Pedro 1:6-9

Con el corazón se cree para ser justificado.

Romanos 10:10

A cuantos lo recibieron, a los que creen en su nombre,
les dio el derecho de ser hijos de Dios.

Juan 1:12

El que cree en el Hijo tiene vida eterna; pero el
que rechaza al Hijo no sabrá lo que es esa vida.

Juan 3:36

La voluntad de mi Padre es que todo el que
reconozca al Hijo y crea en él, tenga vida eterna,
y yo lo resucitaré en el día final.

Juan 6:40

No se amolden al mundo actual, sino sean transformados mediante la renovación de su mente. Así podrán comprobar cuál es la voluntad de Dios, buena, agradable y perfecta.

Romanos 12:2

Él que cree en el Hijo de Dios acepta este testimonio. El que no cree a Dios lo hace pasar por mentiroso, por no haber creído el testimonio que Dios ha dado acerca de su Hijo. Y el testimonio es éste: que Dios nos ha dado vida eterna, y esa vida está en su Hijo.

1 Juan 5:10-11

Por qué la fe es importante

En realidad, sin fe es imposible agradar a Dios,
ya que cualquiera que se acerca a Dios tiene que creer
que él existe y que recompensa a quienes lo buscan.

Hebreos 11:6

En Cristo Jesús de nada vale estar o no estar
circuncidados; lo que vale es la fe que
actúa mediante el amor.

Gálatas 5:6

De aquel que cree en mi, como dice la Escritura,
brotarán ríos de agua viva.

Juan 7:38

Cuidémonos, por tanto, no sea que, aunque la promesa de entrar en su reposo sigue vigente, alguno de ustedes parezca quedarse atrás. Porque a nosotros, lo mismo que a ellos, se nos ha anunciado la buena noticia; pero el mensaje que escucharon no les sirvió de nada, porque no se unieron en la fe.

Hebreos 4:1-2

Él que cree en él no es condenado, pero el que no cree ya está condenado por no haber creído en el nombre del Hijo unigénito de Dios.

Juan 3:18

Reconoce al Dios de tu padre, y sírvele de
todo corazón y con buena disposición, pues el
SEÑOR escudriña todo corazón y discierne
todo pensamiento. Si lo buscas,
te permitirá que lo encuentres.

1 Crónicas 28:9

«Me buscarán y me encontrarán, cuando me busquen de todo corazón. Me dejaré encontrar.» —afirma el SEÑOR.

Jeremías 29:13-14

Esfuércense más todavía por asegurarse del llamado de Dios, que fue quien los eligió. Si hacen estas cosas, no caerán jamás.

2 Pedro 1:10

El SEÑOR les dijo a Moisés y a Aarón: «Por no haber confiado en mí, ni haber reconocido mi santidad en presencia de los israelitas, no serán ustedes los que lleven a esta comunidad a la tierra que les he dado.»

Números 20:12

La fe por sí sola, si no tiene obras, está muerta.
Sin embargo, alguien dirá: «Tú tienes fe, y yo tengo obras.»
Pues bien, muéstrame tu fe sin las obras,
y yo te mostraré la fe por mis obras.

Santiago 2:17-18

Deseamos contribuir a la alegría de ustedes,
pues por la fe se mantienen firmes.

2 Corintios 1:24

Todo lo que no se hace por convicción es pecado.

Romanos 14:23

«¡Confíen en el SEÑOR, y serán librados!
¡Confíen en sus profetas, y tendrán éxito!»

2 Crónicas 20:20

Ellas fueron desgajadas por su falta de fe,
y tú por la fe te mantienes firme.

Romanos 11:20

Cree en el Señor Jesús; así tú y tu familia serán salvos.

Hechos 16:31

Nadie es justificado por las obras que demanda la ley sino por la fe en Jesucristo, también nosotros hemos puesto nuestra fe en Cristo Jesús, para ser justificados por la fe en él y no por las obras de la ley; porque por éstas nadie será justificado.

Gálatas 2:16

Por medio de Cristo Jesús, la bendición prometida a Abraham llegara a las naciones, y para que por la fe recibiéramos el Espíritu según la promesa.

Gálatas 3:14

Los que viven según la naturaleza pecaminosa no pueden agradar a Dios.

Romanos 8:8

El SEÑOR recorre con su mirada toda la tierra,
y está listo para ayudar a quienes le son fieles.

2 Crónicas 16:9

La oración de fe sanará al enfermo
y el Señor lo levantará.

Santiago 5:15

«El SEÑOR mismo marchará al frente de ti
y estará contigo; nunca te dejará ni te abandonará.
No temas ni te desanimes.»

Deuteronomio 31:8

Cuán grande es tu bondad,
que atesoras para los que te temen.

Salmo 31:19

Tomen el escudo de la fe, con el cual pueden apagar
todas las flechas encendidas del maligno.

Efesios 6:16

Acerquémonos, pues, a Dios con corazón sincero
y con la plena seguridad que da la fe.

Hebreos 10:22

Yo les digo: Pidan, y se les dará; busquen,
y encontrarán; llamen, y se les abrirá la puerta.
Porque todo el que pide, recibe; el que busca,
encuentra; y al que llama, se le abre.

Lucas 11:9-10

Deseo que … pelees la buena batalla y mantengas la fe
y una buena conciencia. Por no hacerle caso a su conciencia,
algunos han naufragado en la fe.

1 Timoteo 1:18-19

«¡Manténganse firmes y no bajen la guardia,
porque sus obras serán recompensadas!»

2 Crónicas 15:7

La salvación de los justos viene del SEÑOR;
él es su fortaleza en tiempos de angustia.
El SEÑOR los ayuda y los libra; los libra de los malvados
y los salva, porque en él ponen su confianza.

Salmo 37:39-40

Encomienda al SEÑOR tus afanes, y él te sostendrá;
no permitirá que el justo caiga.

Salmo 55:22

Los que temen al SEÑOR, confíen en él;
él es su ayuda y su escudo.

Salmo 115:11

El SEÑOR estará siempre a tu lado
y te librará de caer en la trampa.

Proverbios 3:26

Confía siempre en él, pueblo mío; ábrele tu corazón
cuando estés ante él. ¡Dios es nuestro refugio!

Salmo 62:8

Espera al SEÑOR. Porque en él hay amor inagotable;
en él hay plena redención.

Salmo 130:7

Ya te lo he ordenado: ¡Sé fuerte y valiente! ¡No tengas miedo ni te desanimes! «Porque el SEÑOR tu Dios te acompañará dondequiera que vayas.»

Josué 1:9

El SEÑOR será un refugio para su pueblo, una fortaleza para los israelitas.

Joel 3:16

El SEÑOR tu Dios está en medio de ti como guerrero victorioso. Se deleitará en ti con gozo, te renovará con su amor, se alegrará por ti con cantos.

Zacarías 3:17

«Fíjense cómo crecen los lirios. No trabajan ni hilan; sin embargo, les digo que ni siquiera Salomón, con todo su esplendor, se vestía como uno de ellos. Si así viste Dios a la hierba que hoy está en el campo y mañana es arrojada al horno, ¡cuánto más hará por ustedes, gente de poca fe!»

Lucas 12:27-28

Lo que puede hacer la fe

Les aseguro que si tienen fe tan pequeña como
un grano de mostaza, podrán decirle a esta montaña:
«Trasládate de aquí para allá», y se trasladará.
Para ustedes nada será imposible.

Mateo 17:20

Les aseguro que si tienen fe y no dudan
—les respondió Jesús—, no sólo harán lo que
he hecho con la higuera, sino que podrán decirle a este monte:
«¡Quítate de ahí y tírate al mar!», y así se hará.
Si ustedes creen, recibirán todo lo que pidan en oración.

Mateo 21:21-22

Si ustedes tuvieran una fe tan pequeña como
un grano de mostaza —les respondió el Señor—,
podrían decirle a este árbol: «Desarráigate
y plántate en el mar», y les obedecería.

Lucas 17:6

Tengan fe en Dios —respondió Jesús—.
Les aseguro que si alguno le dice a este monte:
«Quítate de ahí y tírate al mar», creyendo,
sin abrigar la menor duda de que lo que dice
sucederá, lo obtendrá. Por eso les digo:
Crean que ya han recibido todo lo que estén
pidiendo en oración, y lo obtendrán.

Marcos 11:22-24

En el evangelio se revela la justicia que proviene de Dios,
la cual es por fe de principio a fin, tal como está escrito:
«El justo vivirá por la fe.»

Romanos 1:17

«¡Sí, éste es nuestro Dios; en él confiamos, y él nos salvó!
¡Éste es el SEÑOR, en él hemos confiado;
regocijémonos y alegrémonos en su salvación!»

Isaías 25:9

«Ciertamente les aseguro que el que oye mi palabra
y cree al que me envió, tiene vida eterna y no será juzgado,
sino que ha pasado de la muerte a la vida.»

Juan 5:24

Para el que cree, todo es posible.

Marcos 9:23

Lo que es imposible para los hombres
es posible para Dios —aclaró Jesús.

Lucas 18:27

Para Dios no hay nada imposible.

Lucas 1:37

Ya saben que la prueba de su fe
produce constancia.

Santiago 1:3

A nosotros, lo mismo que a ellos, se nos
ha anunciado la buena noticia; pero el mensaje
que escucharon no les sirvió de nada,
porque no se unieron en la fe.

Hebreos 4:2

Abram creyó al SEÑOR, y el SEÑOR
lo reconoció a él como justo.

Génesis 15:6

Por la fe Moisés, ya adulto, renunció a ser llamado
hijo de la hija del faraón. Prefirió ser maltratado
con el pueblo de Dios a disfrutar de los
efímeros placeres del pecado.

Hebreos 11:24-25

Si a alguno de ustedes le falta sabiduría, pídasela a Dios, y él se la dará, pues Dios da a todos generosamente sin menospreciar a nadie. Pero que pida con fe, sin dudar, porque quien duda es como las olas del mar, agitadas y llevadas de un lado a otro por el viento.

Santiago 1:5-6

Escrito está: «Creí, y por eso hablé.» Con ese mismo espíritu de fe también nosotros creemos, y por eso hablamos.

2 Corintios 4:13

«No temas, que yo te he redimido; te he llamado
por tu nombre; tú eres mío. Cuando cruces las aguas,
yo estaré contigo; cuando cruces los ríos,
no te cubrirán sus aguas; cuando camines
por el fuego, no te quemarás ni te abrasarán las llamas.
Yo soy el SEÑOR, tu Dios, el Santo de Israel, tu salvador.»

Isaías 43:1-3

Yo, yo soy el SEÑOR, fuera de mí
no hay ningún otro salvador.

Isaías 43:11

¿Qué más voy a decir? Me faltaría tiempo para hablar de Gedeón, Barac, Sansón, Jefté, David, Samuel y los profetas, los cuales por la fe conquistaron reinos, hicieron justicia y alcanzaron lo prometido; cerraron bocas de leones, apagaron la furia de las llamas y escaparon del filo de la espada; sacaron fuerzas de flaqueza; se mostraron valientes en la guerra y pusieron en fuga a ejércitos extranjeros.

Hebreos 11:32-34

Espero que el SEÑOR nos ayude, pues para él no es difícil salvarnos, ya sea con muchos o con pocos.

1 Samuel 14:6

Por eso oramos constantemente por ustedes, para que nuestro Dios los considere dignos del llamamiento que les ha hecho, y por su poder perfeccione toda disposición al bien y toda obra que realicen por la fe.

2 Tesalonicenses 1:1

Así que la fe viene como resultado de oír el mensaje, y el mensaje que se oye es la palabra de Cristo.

Romanos 10:17

Se hará con ustedes conforme a su fe.

Mateo 9:29

Precisamente por eso, esfuércense por añadir a su fe, virtud; a su virtud, entendimiento; al entendimiento, dominio propio; al dominio propio, constancia; a la constancia, devoción a Dios; a la devoción a Dios, afecto fraternal; y al afecto fraternal, amor. Porque estas cualidades, si abundan en ustedes, les harán crecer en el conocimiento de nuestro Señor Jesucristo, y evitarán que sean inútiles e improductivos.

2 Pedro 1:5-8

Siempre tengo presente al SEÑOR;
con él a mi derecha, nada me hará caer.

Salmo 16:8

Fijemos la mirada en Jesús, el iniciador y perfeccionador de nuestra fe, quien por el gozo que le esperaba, soportó la cruz, menospreciando la vergüenza que ella significaba, y ahora está sentado a la derecha del trono de Dios.

Hebreos 12:2

Nadie tenga un concepto de sí más alto que el que debe tener, sino más bien piense de sí mismo con moderación, según la medida de fe que Dios le haya dado.

Romanos 12:3

Tú, SEÑOR, mantienes mi lámpara encendida; tú, Dios mío, iluminas mis tinieblas. Con tu apoyo me lanzaré contra un ejército; contigo, Dios mío, podré asaltar murallas.

Salmo 18:28-29

Así que no dejamos de dar gracias a Dios,
porque al oír ustedes la palabra de Dios que
les predicamos, la aceptaron no como palabra
humana sino como lo que realmente es, palabra
de Dios, la cual actúa en ustedes los creyentes.

1 Tesalonicenses 2:13

Por obra del Espíritu y mediante la fe,
aguardamos con ansias la justicia que es nuestra esperanza.
En Cristo Jesús de nada vale estar o no estar circuncidados;
lo que vale es la fe que actúa mediante el amor.

Gálatas 5:5-6

No se preocupen por su vida, qué comerán; ni por su cuerpo, con qué se vestirán. La vida tiene más valor que la comida, y el cuerpo más que la ropa. Fíjense en los cuervos: no siembran ni cosechan, ni tienen almacén ni granero; sin embargo, Dios los alimenta. ¡Cuánto más valen ustedes que las aves!

Lucas 12:22-24

Incluso si nuestra fe es pequeña

¿Y por qué se preocupan por la ropa? Observen cómo
crecen los lirios del campo. No trabajan ni hilan;
sin embargo, les digo que ni siquiera Salomón,
con todo su esplendor, se vestía como uno de ellos.
Si así viste Dios a la hierba que hoy está en el campo
y mañana es arrojada al horno, ¿no hará mucho más
por ustedes, gente de poca fe?

Mateo 6:28-31

«¿No te dije que si crees verás la gloria de Dios?»
—le contestó Jesús.

Juan 11:40

Ciertamente les aseguro que el que cree en mí
las obras que yo hago también él las hará,
y aun las hará mayores, porque yo vuelvo al Padre.

Juan 14:12

Así dice la Escritura: «Todo el que confíe
en él no será jamás defraudado.»

Romanos 10:11

Así dice la Escritura: «Miren que pongo en Sión
una piedra principal escogida y preciosa, y el que confíe
en ella no será jamás defraudado.»

1 Pedro 2:6

Luego subió a la barca y sus discípulos lo siguieron. De repente, se levantó en el lago una tormenta tan fuerte que las olas inundaban la barca. Pero Jesús estaba dormido. Los discípulos fueron a despertarlo. —¡Señor —gritaron—, sálvanos, que nos vamos a ahogar! Hombres de poca fe —les contestó—, ¿por qué tienen tanto miedo? Entonces se levantó y reprendió a los vientos y a las olas, y todo quedó completamente tranquilo.

Mateo 8:23-26

Les aseguro que si tienen fe tan pequeña como
un grano de mostaza, podrán decirle a esta montaña:
«Trasládate de aquí para allá», y se trasladará.
Para ustedes nada será imposible.

Mateo 17:20

En la madrugada, Jesús se acercó a ellos caminando sobre el lago. Cuando los discípulos lo vieron caminando sobre el agua, quedaron aterrados. —¡Es un fantasma! —gritaron de miedo. Pero Jesús les dijo en seguida: —¡Cálmense! Soy yo. No tengan miedo. Señor, si eres tú —respondió Pedro—, mándame que vaya a ti sobre el agua. Ven —dijo Jesús. Pedro bajó de la barca y caminó sobre el agua en dirección a Jesús. Pero al sentir el viento fuerte, tuvo miedo y comenzó a hundirse. Entonces gritó: —¡Señor, sálvame! En seguida Jesús le tendió la mano y, sujetándolo, lo reprendió: —¡Hombre de poca fe! ¿Por qué dudaste? Cuando subieron a la barca, se calmó el viento.

Mateo 14:25-32

Dios, a fin de presentarlos santos, intachables e irreprochables delante de él, los ha reconciliado en el cuerpo mortal de Cristo mediante su muerte, con tal de que se mantengan firmes en la fe, bien cimentados y estables, sin abandonar la esperanza que ofrece el evangelio.

Colosenses 1:22-23

Cuídense, hermanos, de que ninguno de ustedes tenga un corazón pecaminoso e incrédulo que los haga apartarse del Dios vivo.

Hebreos 3:12

Dejaré un remanente en medio de ti, un pueblo pobre y humilde. En el nombre del SEÑOR, se cobijará.

Sofonías 3:12

¡Sí creo! ¡Ayúdame en mi poca fe!

Marcos 9:24

Los discípulos de nuevo en la casa, y Tomás estaba con ellos. Aunque las puertas estaban cerradas, Jesús entró y, poniéndose en medio de ellos, los saludó. —¡La paz sea con ustedes! Luego le dijo a Tomás: —Pon tu dedo aquí y mira mis manos. Acerca tu mano y métela en mi costado. Y no seas incrédulo, sino hombre de fe. ¡Señor mío y Dios mío! —exclamó Tomás. Porque me has visto, has creído —le dijo Jesús—; dichosos los que no han visto y sin embargo creen.

Juan 20:26-29

No se afanen por lo que han de comer o beber; dejen de atormentarse. El mundo pagano anda tras todas estas cosas, pero el Padre sabe que ustedes las necesitan. Ustedes, por el contrario, busquen el reino de Dios, y estas cosas les serán añadidas. No tengan miedo, mi rebaño pequeño, porque es la buena voluntad del Padre darles el reino.

Lucas 12:29-32

Cómo edificamos la fe

Aunque estoy físicamente ausente, los acompaño
en espíritu, y me alegro al ver su buen orden
y la firmeza de su fe en Cristo. Libertad en Cristo.
Por eso, de la manera que recibieron a Cristo Jesús
como SEÑOR, vivan ahora en él, arraigados
y edificados en él, confirmados en la fe como
se les enseñó, y llenos de gratitud.

Colosenses 2:5-7

Y después de que ustedes hayan sufrido un poco
de tiempo, Dios mismo, el Dios de toda gracia
que los llamó a su gloria eterna en Cristo,
los restaurará y los hará fuertes, firmes y estables.

1 Pedro 5:10

Que nuestro Señor Jesucristo mismo y Dios nuestro Padre, que nos amó y por su gracia nos dio consuelo eterno y una buena esperanza, los anime y les fortalezca el corazón, para que tanto en palabra como en obra hagan todo lo que sea bueno.

2 Tesalonicenses 2:16-17

Así que ustedes, queridos hermanos, puesto que ya saben esto de antemano, manténganse alerta, no sea que, arrastrados por el error de esos libertinos, pierdan la estabilidad y caigan. Más bien, crezcan en la gracia y en el conocimiento de nuestro Señor y Salvador Jesucristo. ¡A él sea la gloria ahora y para siempre! Amén.

2 Pedro 3:17-18

Ahora Dios, a fin de presentarlos santos,
intachables e irreprochables delante de él, los ha
reconciliado en el cuerpo mortal de Cristo mediante
su muerte, con tal de que se mantengan firmes en la fe,
bien cimentados y estables, sin abandonar la esperanza
que ofrece el evangelio. Éste es el evangelio que ustedes oyeron.

Colosenses 1:22-23

Al vivir la verdad con amor, creceremos hasta ser
en todo como aquel que es la cabeza, es decir, Cristo.
Por su acción todo el cuerpo crece y se edifica en amor,
sostenido y ajustado por todos los ligamentos,
según la actividad propia de cada miembro.

Efesios 4:15-16

Le pido que, por medio del Espíritu y con el
poder que procede de sus gloriosas riquezas,
los fortalezca a ustedes en lo íntimo de su ser,
para que por fe Cristo habite en sus corazones.

Efesios 3:16-17

Por tanto, todo el que me oye estas palabras y
las pone en práctica es como un hombre prudente
que construyó su casa sobre la roca. Cayeron las lluvias,
crecieron los ríos, y soplaron los vientos y azotaron
aquella casa; con todo, la casa no se derrumbó
porque estaba cimentada sobre la roca.

Mateo 7:24-25

Manténganse firmes e inconmovibles, progresando
siempre en la obra del Señor, conscientes de que
su trabajo en el Señor no es en vano.

1 Corintios 15:58

El Dios eterno ocultó su misterio durante largos siglos,
pero ahora lo ha revelado por medio de los escritos
proféticos, según su propio mandato, para que todas
las naciones obedezcan a la fe. ¡Al que puede fortalecerlos
a ustedes conforme a mi evangelio y a la predicación acerca
de Jesucristo, al único sabio Dios, sea la gloria para
siempre por medio de Jesucristo! Amén.

Romanos 16:25-27

FE EN LOS TIEMPOS DIFÍCILES DE LA VIDA

¡Que me mate! ¡Ya no tengo esperanza!
Pero en su propia cara defenderé mi conducta.

Job 13:15

Hermanos míos, considérense muy dichosos cuando tengan que enfrentarse con diversas pruebas, pues ya saben que la prueba de su fe produce constancia. Y la constancia debe llevar a feliz término la obra, para que sean perfectos e íntegros, sin que les falte nada.

Santiago 1:2-4

Él, en cambio, conoce mis caminos; si me pusiera a prueba, saldría yo puro como el oro.

Job 23:10

No temas, porque yo estoy contigo.

Isaías 43:5

No tengan miedo —les respondió Moisés—. Mantengan sus posiciones, que hoy mismo serán testigos de la salvación que el SEÑOR realizará.

Éxodo 14:13

Porque el SEÑOR cuida el camino de los justos, mas la senda de los malos lleva a la perdición.

Salmo 1:6

La refinaré como se refina la plata, la probaré como se prueba el oro. Entonces ellos me invocarán y yo les responderé. Yo diré: «Ellos son mi pueblo», y ellos dirán: «El SEÑOR es nuestro Dios.»

Zacarías 13:9

Han tenido que sufrir diversas pruebas por un tiempo. El oro, aunque perecedero, se acrisola al fuego. Así también la fe de ustedes, que vale mucho más que el oro, al ser acrisolada por las pruebas demostrará que es digna de aprobación, gloria y honor cuando Jesucristo se revele.

1 Pedro 1:6-7

Durante todos los días de tu vida, nadie será capaz de enfrentarse a ti. Así como estuve con Moisés, también estaré contigo; no te dejaré ni te abandonaré.

Josué 1:5

A ustedes se les ha concedido no sólo creer en Cristo, sino también sufrir por él.

Filipenses 1:29

Si somos hijos, somos herederos; herederos de Dios y coherederos con Cristo, pues si ahora sufrimos con él, también tendremos parte con él en su gloria. La gloria futura. De hecho, considero que en nada se comparan los sufrimientos actuales con la gloria que habrá de revelarse en nosotros.

Romanos 8:17-18

Cuando venga el Hijo del hombre, ¿encontrará fe en la tierra?

Lucas 18:8

Él me dijo: «Te basta con mi gracia, pues mi poder se perfecciona en la debilidad.» Por lo tanto, gustosamente haré más bien alarde de mis debilidades, para que permanezca sobre mí el poder de Cristo.

2 Corintios 12:9

Después de que ustedes hayan sufrido un poco de tiempo, Dios mismo, el Dios de toda gracia que los llamó a su gloria eterna en Cristo, los restaurará y los hará fuertes, firmes y estables.

1 Pedro 5:10

Confía siempre en él, pueblo mío; ábrele tu corazón cuando estés ante él. ¡Dios es nuestro refugio!

Salmo 62:8

Encomienda al SEÑOR tu camino; confía en él, y él actuará. Hará que tu justicia resplandezca como el alba … Guarda silencio ante el SEÑOR, y espera en él con paciencia; no te irrites ante el éxito de otros, de los que maquinan planes malvados.

Salmo 37:5-7

Así dice el SEÑOR: «No tengan miedo ni se acobarden cuando vean ese gran ejército, porque la batalla no es de ustedes sino mía.»

2 Crónicas 20:15

El SEÑOR tu Dios te estará probando para saber
si lo amas con todo el corazón y con toda el alma.
Solamente al SEÑOR tu Dios debes seguir
y rendir culto. Cumple sus mandamientos
y obedécelo; sírvele y permanece fiel a él.

Deuteronomio 13:3-4

Ustedes no tendrán que intervenir en
esta batalla. Simplemente, quédense quietos en
sus puestos, para que vean la salvación que el SEÑOR
les dará … No tengan miedo ni se acobarden.

2 Crónicas 20:17

Aun si voy por valles tenebrosos, no temo
peligro alguno porque tú estás a mi lado;
tu vara de pastor me reconforta.

Salmo 23:4

No tiemblen ni se asusten. ¿Acaso no lo anuncié
y profeticé hace tiempo? Ustedes son mis testigos.
¿Hay algún Dios fuera de mí? No, no hay otra
Roca; no conozco ninguna.

Isaías 44:8

Encomienda al SEÑOR tus afanes, y él te sostendrá;
no permitirá que el justo caiga.

Salmo 55:22

Estoy convencido de que ni la muerte ni la vida,
ni los ángeles ni los demonios, ni lo presente
ni lo por venir, ni los poderes, ni lo alto ni lo profundo,
ni cosa alguna en toda la creación, podrá apartarnos
del amor que Dios nos ha manifestado en
Cristo Jesús nuestro Señor.

Romanos 8:38-39

Si me elevara sobre las alas del alba, o me estableciera
en los extremos del mar, aun allí tu mano me guiaría,
¡me sostendría tu mano derecha!

Salmo 139:9-10

Yo les he dicho estas cosas para que en mí hallen paz.
En este mundo afrontarán aflicciones, pero ¡anímense!
Yo he vencido al mundo.

Juan 16:33

«No temas, que yo te he redimido; te he llamado
por tu nombre; tú eres mío. Cuando cruces las aguas,
yo estaré contigo; cuando cruces los ríos,
no te cubrirán sus aguas; cuando camines
por el fuego, no te quemarás ni te abrasarán
las llamas. Yo soy el SEÑOR, tu Dios.»

Isaías 43:1-3

Aunque la higuera no dé renuevos, ni haya frutos en las vides; aunque falle la cosecha del olivo, y los campos no produzcan alimentos; aunque en el aprisco no haya ovejas, ni ganado alguno en los establos; aun así, yo me regocijaré en el SEÑOR, ¡me alegraré en Dios, mi libertador! El SEÑOR omnipotente es mi fuerza; da a mis pies la ligereza de una gacela y me hace caminar por las alturas.

Habacuc 3:17-18

Yo he puesto mi esperanza en el SEÑOR; yo espero en el Dios de mi salvación. ¡Mi Dios me escuchará!

Miqueas 7:7

Contra toda esperanza, Abraham creyó y esperó,
y de este modo llegó a ser padre de muchas naciones,
tal como se le había dicho: «¡Así de numerosa será
tu descendencia!» Su fe no flaqueó, aunque reconocía
que su cuerpo estaba como muerto, pues ya tenía unos
cien años, y que también estaba muerta la matriz de Sara.
Ante la promesa de Dios no vaciló como un incrédulo,
sino que se reafirmó en su fe y dio gloria a Dios,
plenamente convencido de que Dios tenía poder para
cumplir lo que había prometido. Por eso se le tomó
en cuenta su fe como justicia.

Romanos 4:18-22

CAMINEMOS EN LA FE

¿Qué te pide el SEÑOR tu Dios? Simplemente
que le temas y andes en todos sus caminos,
que lo ames y le sirvas con todo tu corazón
y con toda tu alma.

Deuteronomio 10:12

Vivimos por fe, no por vista.

2 Corintios 5:7

Sigan por el camino que el SEÑOR su Dios les ha trazado,
para que vivan, prosperen y disfruten de larga vida.

Deuteronomio 5:33

Si vivimos en la luz, así como él está en la luz, tenemos comunión unos con otros, y la sangre de su Hijo Jesucristo nos limpia de todo pecado.

1 Juan 1:7

También nosotros hemos puesto nuestra fe en Cristo Jesús, para ser justificados por la fe en.

Gálatas 2:16

Lo que ahora vivo en el cuerpo, lo vivo por la fe en el Hijo de Dios, quien me amó y dio su vida por mí.

Gálatas 2:20

Esfuércense por cumplir fielmente el mandamiento y la ley que les ordenó Moisés, siervo del SEÑOR: amen al SEÑOR su Dios, condúzcanse de acuerdo con su voluntad, obedezcan sus mandamientos, manténganse unidos firmemente a él y sírvanle de todo corazón y con todo su ser.

Josué 22:5

Dichosos todos los que temen al SEÑOR,
los que van por sus caminos.

Salmo 128:1

Que incline nuestro corazón hacia él, para que sigamos todos sus caminos y cumplamos los mandamientos, decretos y leyes que les dio a nuestros antepasados.

1 Reyes 8:58

No me avergüenzo, porque sé en quién he creído, y estoy seguro de que tiene poder para guardar hasta aquel día lo que le he confiado.

2 Timoteo 1:12

Dios no es un simple mortal para mentir y cambiar de parecer. ¿Acaso no cumple lo que promete ni lleva a cabo lo que dice?

Números 23:19

Cumple los mandatos del SEÑOR tu Dios; sigue sus sendas y obedece sus decretos, mandamientos, leyes y preceptos, los cuales están escritos en la ley de Moisés. Así prosperarás en todo lo que hagas y por dondequiera que vayas.

1 Reyes 2:3

Instrúyeme, SEÑOR, en tu camino para conducirme con fidelidad. Dame integridad de corazón para temer tu nombre.

Salmo 86:11

Ciertamente son rectos los caminos del SEÑOR; en ellos caminan los justos.

Oseas 14:9

Aunque pase yo por grandes angustias,
tú me darás vida; contra el furor de mis enemigos
extenderás la mano: ¡tu mano derecha me pondrá a salvo!
El SEÑOR cumplirá en mí su propósito.

Salmo 138:7-8

Confíen en el SEÑOR para siempre,
porque el SEÑOR es una Roca eterna.

Isaías 26:4

Confía en el SEÑOR y haz el bien;
establécete en la tierra y manténte fiel.

Salmo 37:3

Jesús se dirigió a la gente, y les dijo:
—Yo soy la luz del mundo. El que me sigue no andará en tinieblas, sino que tendrá la luz de la vida.

Juan 8:12

Es evidente que por la ley nadie es justificado delante de Dios, porque «el justo vivirá por la fe.»

Gálatas 3:11

Todo lo puedo en Cristo que me fortalece.

Filipenses 4:13

Ustedes son como piedras vivas, con las cuales se está edificando una casa espiritual. De este modo llegan a ser un sacerdocio santo, para ofrecer sacrificios espirituales que Dios acepta por medio de Jesucristo.

1 Pedro 2:5

Yo soy el Dios Todopoderoso.
Vive en mi presencia y sé intachable.

Génesis 17:1

Encomienda al SEÑOR tus afanes, y él te sostendrá;
no permitirá que el justo caiga.

Salmo 55:22

Procuro conservar siempre limpia mi conciencia delante de Dios y de los hombres.

Hechos 24:16

Ya se te ha dicho lo que de ti espera el SEÑOR: Practicar la justicia, amar la misericordia, y humillarte ante tu Dios.

Miqueas 6:8

«Recuerda, SEÑOR, que yo me he conducido delante de ti con lealtad y con un corazón íntegro, y que he hecho lo que te agrada.»

Isaías 38:3

Hoy has declarado que el SEÑOR es tu Dios
y que andarás en sus caminos, que prestarás oído
a su voz y que cumplirás sus preceptos,
mandamientos y normas.

Deuteronomio 26:17

Si afirmamos que tenemos comunión con él, pero vivimos en la oscuridad, mentimos y no ponemos en práctica la verdad.

1 Juan 1:6

Por cuanto el SEÑOR omnipotente me ayuda,
no seré humillado. Por eso endurecí mi rostro
como el pedernal, y sé que no seré avergonzado.

Isaías 50:7

Confía en el SEÑOR de todo corazón,
y no en tu propia inteligencia. Reconócelo en
todos tus caminos, y él allanará tus sendas.

Proverbios 3:5-6

Dios mismo nos instruirá en sus caminos,
y así andaremos en sus sendas.

Miqueas 4:2

Lo que sí les ordené fue lo siguiente: «Obedézcanme. Así yo seré su Dios, y ustedes serán mi pueblo. Condúzcanse conforme a todo lo que yo les ordene, a fin de que les vaya bien.»

Jeremías 7:23

Dejen su insensatez, y vivirán; andarán
por el camino del discernimiento.

Proverbios 9:6

Pon la mirada en lo que tienes delante; fija la vista
en lo que está frente a ti. Endereza las sendas por
donde andas; allana todos tus caminos. No te desvíes
ni a diestra ni a siniestra; apártate de la maldad.

Proverbios 4:25-27

Guarda mi camino y anda por él.

Jueses 2:22

Tengan, pues, cuidado de hacer lo que el SEÑOR su Dios les ha mandado; no se desvíen ni a la derecha ni a la izquierda.

Deuteronomio 5:32

Solamente al SEÑOR tu Dios debes seguir y rendir culto. Cumple sus mandamientos y obedécelo; sírvele y permanece fiel a él.

Deuteronomio 13:4

Dichosos los que saben aclamarte, SEÑOR, y caminan a la luz de tu presencia.

Salmo 89:15

OREMOS CON FE

SEÑOR, oye mi justo ruego; escucha mi clamor;
presta oído a mi oración, pues no sale de labios engañosos.

Salmo 17:1

El SEÑOR aborrece las ofrendas de los malvados,
pero se complace en la oración de los justos.

Proverbios 15:8

Los ojos del SEÑOR están sobre los justos, y sus oídos,
atentos a sus oraciones; pero el rostro del SEÑOR
está contra los que hacen el mal.

1 Pedro 3:12

¿Está enfermo alguno de ustedes? Haga llamar
a los ancianos de la iglesia para que oren por él
y lo unjan con aceite en el nombre del SEÑOR.
La oración de fe sanará al enfermo y el SEÑOR lo
levantará. Y si ha pecado, su pecado se le perdonará.
Por eso, confiésense unos a otros sus pecados,
y oren unos por otros, para que sean sanados.

Santiago 5:14-16

Sabemos que Dios no escucha a los pecadores,
pero sí a los piadosos.

Juan 9:31

Les aseguro que si alguno le dice a este monte:
«Quítate de ahí y tírate al mar», creyendo,
sin abrigar la menor duda de que lo que dice sucederá,
lo obtendrá. Por eso les digo: Crean que ya han
recibido todo lo que estén pidiendo en oración,
y lo obtendrán.

Marcos 11:23-24

Si en mi corazón hubiera yo abrigado maldad,
el SEÑOR no me habría escuchado; pero Dios sí me ha
escuchado, ha atendido a la voz de mi plegaria.

Salmo 66:18-19

El SEÑOR está cerca de quienes lo invocan,
de quienes lo invocan en verdad.

Salmo 145:18

Los justos claman, y el SEÑOR los oye;
los libra de todas sus angustias.

Salmo 34:17

Si a alguno de ustedes le falta sabiduría, pídasela a Dios, y él se la dará, pues Dios da a todos generosamente sin menospreciar a nadie. Pero que pida con fe, sin dudar, porque quien duda es como las olas del mar, agitadas y llevadas de un lado a otro por el viento.

Santiago 1:5-6

Porque ustedes tienen tan poca fe —les respondió—.
Les aseguro que si tienen fe tan pequeña como un grano
de mostaza, podrán decirle a esta montaña:
«Trasládate de aquí para allá», y se trasladará.
Para ustedes nada será imposible.

Mateo 17:20

Mantendré abiertos mis ojos, y atentos mis oídos
a las oraciones que se eleven en este lugar.

2 Crónicas 7:15

Llamarás, y el SEÑOR responderá; pedirás ayuda,
y él dirá: «¡Aquí estoy!»

Isaías 58:9

En ti confían los que conocen tu nombre, porque tú, SEÑOR, jamás abandonas a los que te buscan.

Salmo 9:10

En nuestra debilidad el Espíritu acude a ayudarnos. No sabemos qué pedir, pero el Espíritu mismo intercede por nosotros con gemidos que no pueden expresarse con palabras. Y Dios, que examina los corazones, sabe cuál es la intención del Espíritu, porque el Espíritu intercede por los creyentes conforme a la voluntad de Dios.

Romanos 8:26-27

Estos confían en sus carros de guerra, aquéllos confían en sus corceles, pero nosotros confiamos en el nombre del SEÑOR nuestro Dios.

Salmo 20:7

El SEÑOR es mi roca, mi amparo, mi libertador; es mi Dios, el peñasco en que me refugio. Es mi escudo, el poder que me salva, ¡mi más alto escondite! Invoco al SEÑOR, que es digno de alabanza, y quedo a salvo de mis enemigos.

Salmo 18:2-3

Así dice el SEÑOR: No tengan miedo ni se acobarden … quédense quietos en sus puestos, para que vean la salvación que el SEÑOR les dará.

2 Crónicas 20:15,17

Pero que se alegren todos los que en ti buscan refugio; ¡que canten siempre jubilosos! Extiende tu protección, y que en ti se regocijen todos los que aman tu nombre. Porque tú, SEÑOR, bendices a los justos; cual escudo los rodeas con tu buena voluntad.

Salmo 5:11-12

ALGUNOS QUE ORARON CON FE Y VIERON LA RESPUESTA DE DIOS

«¡Cobren ánimo y ármense de valor! No se asusten ni se acobarden ante el rey de Asiria y su numeroso ejército, porque nosotros contamos con alguien que es más poderoso. Él se apoya en la fuerza humana, mientras que nosotros contamos con el SEÑOR nuestro Dios, quien nos brinda su ayuda y pelea nuestras batallas.» Al oír las palabras de Ezequías, rey de Judá, el pueblo se tranquilizó.

2 Crónicas 32:7-8

Al irse Jesús de allí, dos ciegos lo siguieron, gritándole:
—¡Ten compasión de nosotros, Hijo de David! …
y él les preguntó: —¿Creen que puedo sanarlos?
—Sí, Señor —le respondieron. Entonces les tocó los ojos
y les dijo: —Se hará con ustedes conforme a su fe.

Mateo 9:27-29

Un hombre que tenía lepra se le acercó y se arrodilló delante de él. —Señor, si quieres, puedes limpiarme —le dijo. Jesús extendió la mano y tocó al hombre. —Sí quiero —le dijo—. ¡Queda limpio! Y al instante quedó sano de la lepra.

Mateo 8:2-3

Una mujer que hacía doce años padecía de hemorragias se le acercó por detrás y le tocó el borde del manto. Pensaba: «Si al menos logro tocar su manto, quedaré sana.» Jesús se dio vuelta, la vio y le dijo: —¡Ánimo, hija! Tu fe te ha sanado. Y la mujer quedó sana en aquel momento.

Mateo 9:20-22

Pero yo confío en tu gran amor; mi corazón se
alegra en tu salvación. Canto salmos al SEÑOR.
¡El SEÑOR ha sido bueno conmigo!

Salmo 13:5-6

Llegaron unos hombres que llevaban en una camilla a un paralítico. Procuraron entrar para ponerlo delante de Jesús, pero no pudieron a causa de la multitud. Así que subieron a la azotea y, separando las tejas, lo bajaron en la camilla hasta ponerlo en medio de la gente, frente a Jesús. Al ver la fe de ellos, Jesús dijo:

—Amigo, tus pecados quedan perdonados.

Lucas 5:18-20

Así que [El Rey de Jericó] le envió a Rajab
el siguiente mensaje: «Echa fuera a los hombres
que han entrado en tu casa, pues vinieron a espiar
nuestro país.»
Pero la mujer, que ya había escondido a los espías,
le respondió al rey: «Es cierto que unos hombres
vinieron a mi casa, pero no sé quiénes eran
ni de dónde venían. Salieron cuando empezó
a oscurecer, a la hora de cerrar las puertas de la
ciudad, y no sé a dónde se fueron. Vayan tras ellos;
tal vez les den alcance.» … En cuanto salieron,
las puertas de Jericó se cerraron.

Antes de que los espías se acostaran,
Rajab subió al techo y les dijo: —Yo sé que el
SEÑOR les ha dado esta tierra … Por lo tanto, les pido ahora
mismo que juren en el nombre del SEÑOR

que serán bondadosos con mi familia,
como yo lo he sido con ustedes. Quiero que me den
como garantía una señal de que perdonarán la vida
de mis padres, de mis hermanos y de todos los
que viven con ellos.
¡Juren que nos salvarán de la muerte!
¡Juramos por nuestra vida que la de ustedes no correrá peligro!
—contestaron ellos—.

Los hombres le dijeron a Rajab: Quedaremos
libres del juramento que te hemos hecho si,
cuando conquistemos la tierra, no vemos este cordón
rojo atado a la ventana por la que nos bajas. Además,
tus padres, tus hermanos y el resto de tu familia
deberán estar reunidos en tu casa … Conste que si
nos delatas, nosotros quedaremos libres del
juramento que nos obligaste hacer.
De acuerdo —respondió Rajab—.
Que sea tal como ustedes han dicho.

Luego los despidió; ellos partieron,
y ella ató el cordón rojo a la ventana.

Así Josué salvó a la prostituta Rajab, a toda su familia y todas sus posesiones, por haber escondido a los mensajeros que él había enviado a Jericó. Y desde entonces, Rajab y su familia viven con el pueblo de Israel.

Josué 2:3-9,12-14,17-21; 6:25

Al entrar Jesús en Capernaúm,
se le acercó un centurión pidiendo ayuda.
Señor, mi siervo está postrado en casa
con parálisis, y sufre terriblemente.
Iré a sanarlo —respondió Jesús.
Señor, no merezco que entres bajo
mi techo. Pero basta con que
digas una sola palabra,
y mi siervo quedará sano.

Porque yo mismo soy un hombre sujeto a órdenes
superiores, y además tengo soldados bajo mi autoridad.
Le digo a uno: "Ve", y va, y al otro: "Ven", y viene.
Le digo a mi siervo: "Haz esto", y lo hace.

Al oír esto, Jesús se asombró y dijo a
quienes lo seguían: —Les aseguro que no
he encontrado en Israel a nadie que tenga
tanta fe … Luego Jesús le dijo al centurión:
—¡Ve! Todo se hará tal como creíste.
Y en esa misma hora aquel siervo quedó sanó.

Mateo 8:5-13

Cuando [un funcionario real] se enteró de
que Jesús había llegado de Judea a Galilea,
fue a su encuentro y le suplicó que bajara a
sanar a su hijo, pues estaba a punto de morir ...
—Señor —rogó el funcionario—,
baja antes de que se muera mi hijo.

—Vuelve a casa, que tu hijo vive— le dijo Jesús.
El hombre creyó lo que Jesús le dijo, y se fue.
Cuando se dirigía a su casa, sus siervos salieron
a su encuentro y le dieron la noticia de que su hijo
estaba vivo. Cuando les preguntó a qué hora había
comenzado su hijo a sentirse mejor … el padre se dio
cuenta de que precisamente a esa hora Jesús le había
dicho: «Tu hijo vive.» Así que creyó él con toda su familia.

Juan 4:46-53

Con gran angustia comenzó a orar al SEÑOR y a llorar desconsoladamente. Entonces hizo este voto: «SEÑOR Todopoderoso, si te dignas mirar la desdicha de esta sierva tuya y, si en vez de olvidarme, te acuerdas de mí y me concedes un hijo varón, yo te lo entregaré para toda su vida, y nunca se le cortará el cabello.»

Como Ana estuvo orando largo rato ante el SEÑOR, Elí se fijó en su boca. Sus labios se movían pero, debido a que Ana oraba en voz baja, no se podía oír su voz. Elí pensó que estaba borracha…

No, mi señor; no he bebido ni vino ni cerveza. Soy sólo una mujer angustiada que ha venido a desahogarse delante del SEÑOR. No me tome usted por una mala mujer. He pasado este tiempo orando debido a mi angustia y aflicción.

Vete en paz —respondió Elí—. Que el Dios de Israel
te conceda lo que le has pedido. Gracias.
Ojalá favorezca usted siempre a esta sierva suya.
Con esto, Ana se despidió y se fue a comer.
Desde ese momento, su semblante cambió.

Elcaná se unió a su esposa Ana,
y el SEÑOR se acordó de ella.
Ana concibió y, pasado un año,
dio a luz un hijo y le puso por nombre Samuel.

Presentaron el niño a Elí. Dijo Ana:
«Mi señor, tan cierto como que usted vive,
le juro que yo soy la mujer que estuvo aquí
a su lado orando al SEÑOR. Éste es el niño
que yo le pedí al SEÑOR, y él me lo concedió.
Ahora yo, por mi parte, se lo entrego

al SEÑOR. Mientras el niño viva, estará dedicado a él.»

Entonces Elí se postró allí ante el SEÑOR.

1 Samuel 1:10-20,25-28

Contra toda esperanza, Abraham creyó y esperó, y de este modo llegó a ser padre de muchas naciones, tal como se le había dicho: «¡Así de numerosa será tu descendencia!» Su fe no flaqueó, aunque reconocía que su cuerpo estaba como muerto, pues ya tenía unos cien años, y que también estaba muerta la matriz de Sara. Ante la promesa de Dios no vaciló como un incrédulo, sino que se reafirmó en su fe y dio gloria a Dios, plenamente convencido de que Dios tenía poder para cumplir lo que había prometido.

Romanos 4:18-21

El jefe de [el ejercito de Jabín] era Sísara, que vivía en Jaroset Goyim. Los israelitas clamaron al SEÑOR porque Yabín tenía novecientos carros de hierro y, durante veinte años, había oprimido cruelmente a los israelitas.

En aquel tiempo gobernaba a Israel una profetisa llamada Débora, que era esposa de Lapidot … Débora mandó llamar a Barac hijo de Abinoán … y le dijo:
—El SEÑOR, el Dios de Israel, ordena: «Ve y reúne en el monte Tabor a diez mil hombres de la tribu de Neftalí y de la tribu de Zabulón. Yo atraeré a Sísara, jefe del ejército de Jabín, con sus carros y sus tropas, hasta el arroyo Quisón. Allí lo entregaré en tus manos.»

¡Está bien, iré contigo! —dijo Débora—. Pero, por la manera en que vas a encarar este asunto, la gloria no será tuya, ya que el SEÑOR entregará a Sísara en manos de una mujer. Así que Débora fue con Barac hasta Cedes, donde él convocó a las tribus

de Zabulón y Neftalí. Diez mil hombres se pusieron
a sus órdenes, y también Débora lo acompañó.
Sísara convocó a sus novecientos carros de hierro,
y a todos sus soldados.

Entonces Débora le dijo a Barac: ¡Adelante!
Éste es el día en que el SEÑOR entregará a
Sísara en tus manos. ¿Acaso no marcha el SEÑOR
al frente de tu ejército? Barac descendió del monte
Tabor, seguido por los diez mil hombres.
Ante el avance de Barac, el SEÑOR desbarató a
Sísara a filo de espada, con todos sus carros y su ejército,
a tal grado que Sísara saltó de su carro y huyó a pie.
Barac persiguió a los carros y al ejército hasta Jaroset
Goyim. Todo el ejército de Sísara cayó a filo de espada;
no quedó nadie con vida.

Jueses 4:2-10,13-16

Entonces Amán le dijo al rey Asuero:
—Hay cierto pueblo disperso y diseminado
entre los pueblos de todas las provincias del reino,
cuyas leyes y costumbres son diferentes de las de
todos los demás. ¡No obedecen las leyes del reino, y a
Su Majestad no le conviene tolerarlos! Si le parece bien,
emita Su Majestad un decreto para aniquilarlos.

—le dijo el rey a Amán— … haz con ese pueblo
lo que mejor te parezca. [Mardoqueo exhorta
a Ester] a que se presentara ante el rey para implorar
clemencia e interceder en favor de su pueblo.

«No te imagines que por estar en la casa del rey serás
la única que escape con vida de entre todos los judíos.
Si ahora te quedas absolutamente callada, de otra parte
vendrán el alivio y la liberación para los judíos, pero tú
y la familia de tu padre perecerán. ¡Quién sabe si no has
llegado al trono precisamente para un momento como éste!»

Ester le envió a Mardoqueo esta respuesta: «Ve y reúne a todos los judíos que están en Susa, para que ayunen por mí. Durante tres días no coman ni beban, ni de día ni de noche. Yo, por mi parte, ayunaré con mis doncellas al igual que ustedes. Cuando cumpla con esto, me presentaré ante el rey, por más que vaya en contra de la ley. ¡Y si perezco, que perezca!»

Al tercer día, Ester se puso sus vestiduras reales y fue a pararse en el patio interior de el palacio, frente a la sala del rey.
El rey le preguntó: —¿Qué te pasa, reina Ester? ¿Cuál es tu petición? ¡Aun cuando fuera la mitad del reino, te lo concedería!

Si le parece bien a Su Majestad —respondió Ester—, venga hoy al banquete que ofrezco en su honor, y traiga también a Amán. Vayan de inmediato por Amán, para que podamos cumplir con el deseo de Ester

—ordenó el rey. Así que el rey y Amán fueron al banquete
que ofrecía Ester. Cuando estaban brindando,
el rey volvió a preguntarle a Ester:
—Dime qué deseas, y te lo concederé.

¿Cuál es tu petición? ¡Aun cuando fuera la mitad
del reino, te lo concedería! Ester respondió:
—Mi deseo y petición es que, si me he ganado
el favor de Su Majestad; y si le agrada cumplir mi deseo
y conceder mi petición, venga mañana con Amán
al banquete que les voy a ofrecer,
y entonces le daré la respuesta.

El rey y Amán fueron al banquete de la reina Ester,
y al segundo día, mientras brindaban, el rey le preguntó
otra vez: —Dime qué deseas, reina Ester, y te lo concederé.
¿Cuál es tu petición? ¡Aun cuando fuera la mitad del reino,
te lo concedería!

Ester respondió: —Si me he ganado el favor de

Su Majestad, y si le parece bien, mi deseo es que me conceda la vida. Mi petición es que se compadezca de mi pueblo.

El rey le preguntó: —¿Y quién es ése que se ha atrevido a concebir semejante barbaridad? ¿Dónde está? ¡El adversario y enemigo es este miserable de Amán! —respondió Ester. Amán quedó aterrorizado ante el rey y la reina.

De modo que empalaron a Amán en la estaca que él había mandado levantar para Mardoqueo. Con eso se aplacó la furia del rey. Los enemigos de los judíos esperaban dominarlos ese día; pero ahora se habían invertido los papeles, y los judíos dominaban a quienes los odiaban.

Ester 3:8-10; 4:8,13-16; 5:1,3-7; 7:1-3,5-6,10; 9:1

Allí se arrodilló [Daniel] y se puso a orar y alabar

a Dios, pues tenía por costumbre orar tres veces al día. Cuando aquellos hombres llegaron y encontraron a Daniel orando e implorando la ayuda de Dios, fueron a hablar con el rey respecto al decreto real … ¡Pues Daniel —respondieron ellos—, que es uno de los exiliados de Judá, no toma en cuenta a Su Majestad ni al decreto que ha promulgado! ¡Todavía sigue orando a su Dios tres veces al día!

Cuando el rey escuchó esto, se deprimió mucho y se propuso salvar a Daniel, así que durante todo el día buscó la forma de salvarlo. Pero aquellos hombres fueron a ver al rey y lo presionaron: —No olvide Su Majestad que, según la ley de los medos y los persas, ningún decreto ni edicto emitido por el rey puede ser derogado.

El rey dio entonces la orden, y Daniel fue arrojado al foso de los leones. Allí el rey animaba a Daniel: —¡Que tu Dios, a quien siempre sirves, se digne salvarte!

Trajeron entonces una piedra, y con ella taparon la boca del foso. El rey lo selló con su propio anillo y con el de sus nobles, para que la sentencia contra Daniel no pudiera ser cambiada. Luego volvió a su palacio y pasó la noche sin comer y sin divertirse, y hasta el sueño se le fue.

Tan pronto como amaneció, se levantó y fue al foso de los leones. Ya cerca, lleno de ansiedad gritó: —Daniel, siervo

del Dios viviente, ¿pudo tu Dios, a quien siempre sirves, salvarte de los leones?

¡Que viva Su Majestad por siempre!
—contestó Daniel desde el foso—.
Mi Dios envió a su ángel y les cerró
la boca a los leones. No me han hecho ningún daño,
porque Dios bien sabe que soy inocente.
¡Tampoco he cometido nada malo contra Su Majestad!

Sin ocultar su alegría, el rey ordenó que
sacaran del foso a Daniel. Cuando lo sacaron,
no se le halló un solo rasguño, pues Daniel
confiaba en su Dios.
Daniel 6:10-23

NUESTRA FE TENDRÁ RECOMPENSA

Al de carácter firme lo guardarás en perfecta paz, porque en ti confía. Confíen en el SEÑOR para siempre, porque el SEÑOR es una Roca eterna.

Isaías 26:3-4

«Bendito el hombre que confía en el Señor, y pone su confianza en él. Será como un árbol plantado junto al agua, que extiende sus raíces hacia la corriente; no teme que llegue el calor, y sus hojas están siempre verdes. En época de sequía no se angustia, y nunca deja de dar fruto.»

Jeremías 17:7-8

The Lord waits for them, in order to have pity
Therefore he rises up in order to show compassion

El SEÑOR los espera, para tenerles piedad; por eso se levanta para mostrarles compasión. Porque el SEÑOR es un Dios de justicia. ¡Dichosos todos los que en él esperan!

Isaías 30:18

Él que atiende a la palabra, prospera.
¡Dichoso el que confía en el SEÑOR!

Proverbios 16:20

Yo les he dicho estas cosas para que en mí hallen paz.
En este mundo afrontarán aflicciones, pero ¡anímense!
Yo he vencido al mundo.

Juan 16:33

Que el Dios de la esperanza los llene de toda alegría y paz a ustedes que creen en él, para que rebosen de esperanza por el poder del Espíritu Santo.

Romanos 15:13

Confía siempre en él, pueblo mío; ábrele tu corazón cuando estés ante él. ¡Dios es nuestro refugio!

Salmo 62:8

Bueno es el SEÑOR; es refugio en el día de la angustia, y protector de los que en él confían.

Nahúm 1:7

Dichoso el que tiene en ti su fortaleza,
que sólo piensa en recorrer tus sendas.
Según avanzan los peregrinos, cobran más fuerzas,
y en Sión se presentan ante el Dios de dioses.

Salmo 84:5,7

Los miraré favorablemente, y los haré volver a este país.
Los edificaré y no los derribaré, los plantaré y no
los arrancaré. Les daré un corazón que me conozca,
porque yo soy el SEÑOR. Ellos serán mi pueblo,
y yo seré su Dios, porque volverán a mí de todo corazón.

Jeremías 24:6-7

«Nunca te dejaré; jamás te abandonaré.»
Así que podemos decir con toda confianza:
«El Señor es quien me ayuda; no temeré.
¿Qué me puede hacer un simple mortal?»

Hebreos 13:5-6

Pero que se alegren todos los que en ti buscan refugio; ¡que canten siempre jubilosos! Extiende tu protección, y que en ti se regocijen todos los que aman tu nombre. Porque tú, SEÑOR, bendices a los justos; cual escudo los rodeas con tu buena voluntad.

Salmo 5:11-12

Es él quien me arma de valor y endereza mi camino;
da a mis pies la ligereza del venado, y me
mantiene firme en las alturas.

2 Samuel 22:33-34

El SEÑOR cuida de los que le temen,
de los que esperan en su gran amor.

Salmo 33:18

Sé fiel hasta la muerte, y yo te daré
la corona de la vida.

Apocalipsis 2:10

Y volverán los rescatados por el SEÑOR,
y entrarán en Sión con cantos de alegría,
coronados de una alegría eterna. Los alcanzarán
la alegría y el regocijo, y se alejarán la tristeza y el gemido.

Isaías 35:10

¿No ha escogido Dios a los que son pobres según
el mundo para que sean ricos en la fe y hereden
el reino que prometió a quienes lo aman?

Santiago 2:5

Les digo: Crean que ya han recibido todo lo que
estén pidiendo en oración, y lo obtendrán.

Marcos 11:24

Si ustedes pertenecen a Cristo, son la descendencia de Abraham y herederos según la promesa.

Gálatas 3:29

Todo el que por mi causa haya dejado casas, hermanos, hermanas, padre, madre, hijos o terrenos, recibirá cien veces más y heredará la vida eterna.

Mateo 19:29

Por causa de mi nombre todo el mundo los odiará, pero el que se mantenga firme hasta el fin será salvo.

Mateo 10:22

No tengan miedo … Mantengan sus posiciones, que hoy mismo serán testigos de la salvación que el SEÑOR realizará en favor de ustedes.

Éxodo 14:13

El SEÑOR mismo marchará al frente de ti
y estará contigo; nunca te dejará ni te abandonará.
«No temas ni te desanimes.»

Deuteronomio 31:8

Ya te lo he ordenado: ¡Sé fuerte y valiente!
¡No tengas miedo ni te desanimes! Porque el SEÑOR
tu Dios te acompañará dondequiera que vayas.

Josué 1:9

¡Manténganse firmes y no bajen la guardia,
porque sus obras serán recompensadas!

2 Crónicas 15:7

Fortalezcan las manos débiles, afirmen las rodillas
temblorosas; digan a los de corazón temeroso:
«Sean fuertes, no tengan miedo. Su Dios vendrá.»

Isaías 35:3-4

La salvación de los justos viene del SEÑOR;
él es su fortaleza en tiempos de angustia.
El SEÑOR los ayuda y los libra; los libra de los
malvados y los salva, porque en él ponen su confianza.

Salmo 37:39-40

Cuán grande es tu bondad, que atesoras
para los que te temen.

Salmo 31:19

Encomienda al SEÑOR tus afanes, y él te sostendrá;
no permitirá que el justo caiga.

Salmo 55:22

Porque el SEÑOR estará siempre a tu lado
y te librará de caer en la trampa.

Proverbios 3:26

Espera al SEÑOR. Porque en él hay amor inagotable;
en él hay plena redención.

Salmo 130:7